УПРАВЛЕНИЕ ПО ЦЕЛЯМ

Добивайтесь максимальной отдачи от своих сотрудников

УПРАВЛЕНИЕ ПО ЦЕЛЯМ

Добивайтесь максимальной отдачи от своих сотрудников

написанный Renaud de Harlez
в переводе Nastia Abramov

50MINUTES.com

УПРАВЛЕНИЕ ПО ЦЕЛЯМ

- **Название:** Управление по целям (MBO), управление проектами, управление по результатам

- **Применение:** Модель используется в деловом мире директорами по персоналу, менеджерами по продажам, операционными менеджерами, менеджерами проектов, внутренними и внешними консультантами и т.д. Например, она позволяет:

  - Менеджеры могут ставить точные цели для предстоящих задач в рамках бизнеса, анализировать результаты и выдавать вознаграждения в соответствии с результатами работы;

  - коллегам ставить перед собой цели в области производительности.

- **Почему он успешен?** Этот стиль управления эффективен, потому что он создает основу для переговоров менеджеров с сотрудниками, определения курса действий и постановки целей, которые должны быть достигнуты. Это вносит ясность во всю иерархию компании. Кроме того, когда сотрудник соглашается, чтобы ему доверили более сложные задачи, такая система приводит к более высокому уровню производительности по сравнению с теми, кому ставят более простые задачи.

- **Ключевые слова:** Управление, цели, методы управления

Управление по целям возникло в контексте экономического роста. Плохо организованные ранее, многие американские компании с 1950-х годов стали свидетелями расширения и децентрализации. Это требует переосмысления их структуры.

Процесс MBO был создан Питером Друкером (австрийско-американским теоретиком менеджмента, 1909-2005), когда он наблюдал за организацией работы таких компаний, как General Motors. В 1954 году он опубликовал работу *"Практика менеджмента"*. В одной из глав, *"Управление по целям и самоконтроль", дается* первое определение модели. Пятнадцать лет спустя Джон Хамбл (английский консультант) добавил свой вклад в модель, предложив метод MBO.

Наконец, Октав Желинер (французский экономист, 1916-2004) предложил свою собственную версию MBO: партисипативное управление по целям. В его основе лежат три элемента: знание целей, структура и процедуры участия. Сейчас MBO приобрело новую форму и стало системой управления, а не только организации.

👁 Определение

Управление по целям (MBO) – это процесс, в котором руководство и сотрудники определяют цели и договариваются о действиях и сроках, необходимых для их достижения.

MBO – это инструмент, доступный руководителям для создания основы для переговоров с сотрудниками. Он предназначен для повышения эффективности работы организации, превращая коллективные задачи в конкретные и точные цели, что приносит пользу как организационной единице, так и отдельным сотрудникам. Результаты регулярно анализируются, и отдельные сотрудники получают соответствующее вознаграждение. Это единственный процесс управления, который расширяет возможности сотрудников, так как MBO позволяет им взять на себя ответственность за организацию своей работы таким образом, который подходит именно им. Когда сотрудники принимают участие в постановке целей, они более мотивированы и добиваются поставленных целей.

ТЕОРИЯ КОНЦЕПЦИИ

КТО ЕГО ИСПОЛЬЗУЕТ?

От менеджеров до генеральных директоров (в различных секторах управления, таких как маркетинг, финансы и человеческие ресурсы), все, кто занимает руководящую должность, могут внедрить в своей организации управление по целям. Как уже упоминалось, MBO – это процесс, в котором руководство и сотрудники вместе определяют цели и договариваются о средствах и сроках, необходимых для достижения результатов.

Появившись в результате работы Питера Друкера, MBO и его использование значительно варьируются в зависимости от автора, который его концептуализировал.

Были установлены две версии:

- MBO можно трактовать в "технократическом" ключе, концентрируясь на финансовых целях. Все сосредоточено на доходах от продаж, затратах или бюджетах. Каждый отдел устанавливает свои собственные численные цели. Когда одна из этих целей не достигается, вина возлагается на менеджеров – в данном случае на менеджеров и общее направление MBO – без ущерба для других целей. Например, они могут быть установлены при составлении бюджета: Каждый отдел может установить свои точные цели, которые будут пересматриваться в установленные сроки (например, ежеквартально).

- Вторая версия MBO фокусируется на отношениях между менеджерами. Он предполагает создание формализованного соглашения между менеджерами и сотрудниками. Сложность MBO в этом контексте заключается в том, что оно не устанавливает цели и даже не дает общего плана. Эти два фактора являются скорее основой для оценки работы, проводимой между менеджером и сотрудниками. В этом случае применение MBO зарезервировано для таких секторов, как управление персоналом, где не требуется постановка точных целей. Собеседования (взаимно организованные) включают время специально для обсуждения целей сотрудников и целей, которые не всегда ставятся с учетом глобальной стратегии бизнеса и его первоначального видения. Они ставятся с учетом слабых и сильных сторон сотрудников. Все сводится к общению.

КАКУЮ ВЕРСИЮ ИСПОЛЬЗОВАТЬ?

Отдать ли вам предпочтение финансовому планированию или управленческим отношениям? Если эти две версии несовместимы, трудно применять их одновременно. Прежде всего, MBO – это инструмент, созданный для участников – менеджеров, руководителей и генеральных директоров. Именно эти люди должны выбрать наиболее подходящую версию MBO.

Что такое программа MBO?

Существует четыре основных компонента, составляющих программу управления по целям:

- (A) утверждение конкретных целей

- (B) принятие решений на основе широкого участия

- (C) временные рамки, установленные с самого начала

- (D) обратная связь по результатам работы.

В качестве примера рассмотрим бизнес, который хочет расширить свою деятельность.

- Для достижения этой цели должны быть установлены конкретные и точные задачи (A). Например, аэропорт может использовать программу MBO, чтобы определить, что необходимо для увеличения числа клиентов на 3,5%, чтобы увеличить количество выходов на посадку с 12 до 14 в течение года. Он также может спланировать, как запустить свой грузовой бизнес, купив новые здания и отремонтировав пять старых самолетов.

- Принятие решений должно быть совместным (B). Менеджеры из разных отделов аэропорта должны вместе решать, какие цели ставить и в какие сроки их достигать.

- По оценкам руководителей, для достижения поставленных ими целей потребуется три года. Поэтому сроки были определены с самого начала.

- Наконец, для этой программы необходимо запланировать оценку эффективности (D) относительно поставленных целей. Директора аэропортов организуют встречи с менеджерами по поводу прогресса сотрудников их отделов. Это делается только в конце установленного срока достижения целей. Руководители и сотрудники должны регулярно ставить точные цели, чтобы измерять и контролировать свои усилия. Встречи обратной связи организуются после анализа хода выполнения программы и получения мнения руководителей и их подчиненных. На совещаниях по обратной связи можно также награждать сотрудников.

ДЕЙСТВИТЕЛЬНО ЛИ ЭТА СИСТЕМА ЭФФЕКТИВНА?

На этот вопрос нет простого ответа. Ряд публикаций не поддерживает модель MBO. Однако большинство согласны со следующим утверждением: применение MBO в некоторых случаях может оказать положительное влияние на производительность работников.

Очень важно, чтобы работники были согласны с поставленными целями. Если они согласны, то постановка еще более высоких целей всегда приведет к более высоким показателям работы, чем постановка более легких целей. Даже если работники, согласившиеся с целями, не всегда их выполняют, уровень их работы все равно выше. Чтобы получить такой результат, необходимо учитывать три фактора:

- **Важность обратной связи.** Для повышения эффективности работы необходимо в нужное время предоставлять заинтересованному лицу эффективную обратную связь. Она позволяет измерить и осознать усилия, приложенные человеком, а также скорректировать уровень сложности поставленных задач – не слишком ли высокий или слишком низкий.

- **Участие.** Выполняются ли поставленные цели чаще, если они были поставлены руководством или в результате сотрудничества? Как бы удивительно это ни казалось, но исследования показали, что между этими двумя случаями нет никакой разницы. Задачи, решенные совместно, или задачи, поставленные руководством, приводят к одинаковым результатам. По этой причине участие не является определяющим фактором. Главное, чтобы сотрудники принимали цели, не обязательно внося в них свой вклад. Однако необходимо отметить, что совместное решение задач позволяет отдельным сотрудникам участвовать в процессе, иногда ставя перед собой более высокие цели, чем могли бы поставить руководители.

- **Вовлечение директоров.** Вовлечение в процесс директоров предприятий также крайне важно, поскольку это дает менеджерам, отвечающим за отделы, уверенность в достижении поставленных целей.

РОЛЬ СОТРУДНИКОВ В MBO

Вы узнаете, что для повышения эффективности работы в компании, использующей MBO, необходимо, чтобы сотрудники осознавали поставленные перед ними цели. Не менее важно, чтобы менеджеры в каждом отделе четко объяснили действия, необходимые для их достижения. Постановка таких целей – это высший управленческий навык. Чтобы сделать это, необходимо следовать определенным шагам:

Что мне нужно сделать?

Перед каждым сотрудником ставятся задачи и цели, которые он должен выполнить. Распределение может быть основано, например, на квалификации сотрудника.

Как я могу мотивировать своих сотрудников?

Во-первых, важно определить уровень производительности соответствующих сотрудников. Затем можно установить цели, которые они должны достичь, и определить сроки, отведенные им для выполнения поставленных задач. Руководитель всегда должен быть реалистичным при оценке времени, необходимого для их выполнения.

Активно привлекайте сотрудника

Несмотря на то, что в предыдущей главе мы узнали, что уровень эффективности работы сотрудников не зависит от того, поставлены ли цели руководством или совместно, вовлечение сотрудников дает одно преимущество: они охотнее их принимают. Однако это участие должно быть искренним. Если руководитель находит время, чтобы посоветоваться с сотрудниками при постановке целей, он должен действительно выслушать их мнение. Невыполнение этого требования может негативно сказаться на результатах работы.

Определить приоритетность своих целей

Важно рассортировать поставленные задачи в порядке сложности и важности, чтобы сотрудники решали их соответствующим образом. С одной стороны, это позволяет избежать того, что некоторые сотрудники будут соглашаться только на более легкие задачи, оставляя другие. С другой стороны, это также способ отметить тех, кто готов решать более сложные задачи (даже если в итоге они не будут выполнены).

Важнейшая обратная связь

Регулярная обратная связь посредством встреч, организуемых между сотрудниками и руководителями для оценки их работы на данный момент. Таким образом, сотрудники будут знать, достаточно ли их усилий для выполнения поставленных перед ними задач.

Окончательное вознаграждение

В обмен на свои усилия сотрудники будут ожидать вознаграждения. Однако важно дать им понять, что вознаграждение связано с количеством выполненных задач, а не только с количеством часов, потраченных на их выполнение. Благодаря этому уровень удовлетворенности сотрудников повышается.

ПРЕДЕЛЫ И РАСШИРЕНИЯ МОДЕЛИ

ОГРАНИЧЕНИЯ И КРИТИКА МОДЕЛИ

- **Неопределенность сектора.** MBO имеет некоторые ограничения, если применяется в слишком нестабильном секторе. Фактически, создание модели усложнит ее настолько, что она станет неэффективной. Например, сектора, связанные с творчеством (например, инновации, исследования и разработки, художественное производство), несовместимы с моделью, поскольку в них трудно определить цели. Может ли исследователь действительно организовать свое исследование в соответствии с поставленными целями? Учитывая характер его работы, цели были бы неуместны.

- **Эволюция рабочих структур.** Предприятия постепенно отходят от традиционных структур: работники становятся более разносторонними, они все больше зависят от других в решении поставленных перед ними задач, теперь их распределяют по нескольким участкам организационной структуры и т.д. Эти изменения ставят MBO под угрозу, поскольку работниками больше не управляет один человек, что значительно усложняет применение MBO.

- **Эволюция рабочей среды.** С момента создания MBO наше общество пережило множество эволюций. Вначале менеджеры составляли долгосрочные планы, которые систематически были слишком оптимистичными. Кроме того, в это время множились кризисы (например, энергетический кризис в начале 70-х годов или финансовый кризис 2009 года). Эти эволюции, включая многие технологические достижения, нарушили существующий порядок и, следовательно, видение менеджеров. Заранее разработанные планы перестали быть пригодными.

За пределами структурных ограничений процесса, у MBO есть свои критики. Это относится к Уильяму Эдвардсу Демингу (американский врач и статистик, 1900-1993). По его мнению, применение MBO негативно сказывается на качестве работы сотрудников. Работник старается выполнить поставленную задачу любой ценой, не обращая внимания на качество работы. Другие говорят, что если MBO мотивирует личные достижения, то это не обязательно полезно для команды в целом: сотрудник может слишком сильно сосредоточиться на поставленных перед ним задачах, забывая об общих целях компании.

На практике можно решить некоторые из этих проблем. Для этого менеджеры должны настаивать на качестве всей работы. Например, продавец автомобилей должен учитывать не только количество проданных машин, но и количество продаж дорогих моделей. Чтобы избежать таких результатов, менеджеры должны всегда контролировать деятельность и пересматривать цели, чтобы убедиться, что они по-прежнему актуальны.

УДЛИНИТЕЛИ И АНАЛОГИЧНЫЕ МОДЕЛИ

SMART-цели

Это мнемоническое устройство, используемое в модели MBO. Метод SMART часто используется менеджерами для помощи в реализации проектов. Он также может быть интегрирован в управление по целям. Цель включает в себя показатель, по которому можно измерить индивидуальную и коллективную производительность. Этот показатель должен быть конкретным, измеримым, достижимым, реалистичным и ограниченным по времени. Другими словами, цель должна быть SMART.

Партисипативное управление

Этот подход к управлению идет вразрез с научным видением работы и фокусируется на узком видении людей. Партисипативный менеджмент основан на идее, что работник – это не инструмент, а психоэмоциональный субъект. Предприятие также является местом, где создаются социальные представления. Теоретики этой концепции подтверждают важность развития "человеческого измерения" в компании. Это может быть сделано с помощью кругов участия или ящиков для предложений. Смысл этой эволюции заключается в том, что менеджеры могут легче достигать своих целей, если они вовлекают в процесс сам коллектив. Чтобы внедрить этот метод управления, необходимо соблюдать принципы, связанные со справедливым управлением.

Справедливое управление

Принципы справедливого управления основаны на балансе между экономической эффективностью и уважением к личности. Такое восприятие направлено на установление взаимовыгодных отношений между руководителями и сотрудниками. Выбирая этот тип управления, предприятие надеется установить амбициозную и сплоченную динамику, которая имеет смысл и основывается на четкой, адаптированной, последовательной и прогрессивной организации. Основным преимуществом этого метода является использование энергии и таланта команды. Межличностные отношения основываются на взаимном уважении и признании, а не на иерархии. Наконец, справедливое управление поощряет инициативное руководство, способное проводить эффективные изменения и обладающее сильным чувством этики и социальной ответственности.

Управление на основе ценностей

Этот тип управления появился раньше, чем MBO. Это теория, основанная на идее деловой культуры. Важно знать, что этот тип управления не направлен на изменение ценностей компании и не является случаем изменения культуры компании. Напротив, суть ценностно-ориентированного управления заключается в использовании культуры внутри компании для повышения эффективности работы.

Как следует из названия, этот тип управления основывается на навыках каждого сотрудника компании, не управляя и не развивая их. Необходимо, чтобы каждый сотрудник развивал один или несколько определенных навыков на благо структуры, которая его нанимает. Смысл такого подхода заключается в укреплении человеческого капитала команды, что требует хорошей работы в области человеческих ресурсов — акцент делается на том, чтобы навыки отдельных сотрудников использовались на благо команды.

ПРИМЕНЕНИЕ КОНЦЕПЦИИ

СОВЕТЫ

В этой главе собраны шаги, необходимые для эффективного применения процесса управления по целям. Конкретные примеры применения демонстрируют каждый шаг.

Формулировка цели

Этот первый шаг включает в себя определение точного результата, который должен быть достигнут, и разработку метода оценки, позволяющего измерить и проверить, в какой степени он был достигнут. На этом этапе три вопроса (кто, что, когда) могут направлять мыслительный процесс.

Пример:

- **Кто?** Сайт онлайн-заказа еды.

- **Что?** Она хочет увеличить свою клиентуру на 15%.

- **Когда?** В течение года.

Определение целей

Пример цели можно сузить, уточнив порядок действий, а также инструменты и поддержку, необходимые для ее достижения. Например, один или несколько менеджеров назначаются для выполнения цели (целей) и устанавливаются промежуточные сроки.

Пример: Наш сайт заказа еды решает использовать рекламу в Интернете для достижения своей цели.

- Выбирается менеджер, который будет следить за покупкой рекламных мест на сайтах, связанных с Google.

- Первая оценка прогресса запланирована на конец первых трех месяцев.

Шесть правил для правильного использования плана

Помимо постановки целей, важно также следовать этим шести правилам:

- ясность

- актуальность

- измеримость

- крайний срок

- достижимость

- принятие.

Пример: В случае нашего бизнеса менеджер рекламного отдела должен задать все следующие вопросы.

- Является ли ожидаемый результат конкретным, идентифицируемым, понятным и оставляет ли он возможность для интерпретации?

- Имеет ли он отношение к политике компании и согласован ли с другими решениями?

- Есть ли у него меры индикации, которые делают его контролируемым?

- Является ли конечный срок точной датой достижения общей цели или индивидуальными сроками для каждого направления действий?

- Достаточны ли средства промежуточных действий (фаза спецификации) и способны ли менеджеры их достичь?

- Согласны ли люди, ответственные за реализацию целей?

Контроль этих факторов может осуществляться двумя способами: регулирование процесса и отслеживание прогресса.

После того как все эти вопросы будут заданы, менеджер может обратиться к своей команде для организации встреч, чтобы стимулировать совместное принятие решений. В случае с приведенным в качестве примера предприятием будут организованы встречи со всей командой маркетологов. Затем каждый сможет высказать свои собственные идеи для воплощения в жизнь. На этом этапе крайне важно помнить о важности этих встреч. Менеджер, подготовивший и организовавший их, ожидает реальной пользы, способствующей достижению цели компании.

Обратная связь

Обратная связь должна осуществляться не только в конце срока, отведенного на достижение целей. В течение всего процесса могут быть запланированы регулярные встречи для контроля достижения поставленных целей в соответствии с нагрузкой, возложенной на сотрудников.

Пример: Регулярные встречи организуются между менеджером, отвечающим за рекламный проект, и другими директорами. На этих встречах оценивается, достаточно ли ресурсов, выделенных отделу, для достижения поставленных целей.

Вознаграждения

Если выполненная работа хорошего качества, она может быть вознаграждена. Кроме того, важно, чтобы сотрудник, перед которым поставлены задачи, понимал, что вознаграждение напрямую связано с их выполнением.

ТЕМАТИЧЕСКОЕ ИССЛЕДОВАНИЕ

Давайте рассмотрим пример применения MBO и менеджмента в целом в двух компаниях, которые сегодня всемирно известны. Вы увидите, что эти применения могут быть очень разными в зависимости от того, как менеджеры применяли теории, связанные с MBO.

Apple

В период с 1997 по 2001 год, когда Стив Джобс (1955-2011) был директором Apple, организационная стратегия компании была основана на сильной централизации информации. Все получали приказы от одного и того же человека, который распространял информацию так, как хотела компания. С точки зрения MBO, цели ставил один человек, который затем передавал требования каждому из менеджеров:

- цели менеджеров, которые напрямую зависели от человека, стоящего на вершине иерархии компании, ставились их начальством;

- сотрудники выполняли приказы своих руководителей.

Менеджеры пользовались незначительной свободой выбора путей достижения своих целей.

Этот метод оправдал себя с точки зрения эффективности и скорости. Когда была допущена ошибка:

- ответственные лица могут быстро обнаружить участок, где была допущена ошибка;

- влияние на поведение сотрудников разных отделов было прямым: такого рода события формируют корпоративную культуру и заставляют сотрудников производить готовый продукт.

Однако у этой модели есть свои ограничения. Например, человеку, ведущему бизнес, трудно управлять всеми аспектами, особенно когда предлагаемые продукты настолько разнообразны. Доказательством является то, что все продукты Apple не одинаково качественны: Apple TV первого поколения или MobileMe менее успешны, чем другие продукты компании.

Google

Метод Google, пионер "менеджмента 2.0", предлагает применение MBO, которое значительно отличается от первого примера.

Фирма всегда была известна своей политикой подбора персонала, в которой предпочтение отдается ученым. Ее основатели, гениальные компьютерные инженеры Ларри Пейдж и Сергей Брин, родившиеся в 1973 году, сами являются рекрутерами. Некоторое время главным критерием для получения работы в компании было наличие докторской степени, поскольку это гарантировало автономию от сотрудников. На самом деле, ученые привыкли работать в одиночку и оставаться продуктивными. Система Google гораздо более децентрализована, чем в большинстве других компаний: вместо того, чтобы полагаться на иерархию, она основана на большом количестве людей. В некотором смысле эта система была очень эффективной, поскольку позволила Google разработать ряд сервисов, таких как Gmail или Google Reader. Необходимость в общей и иерархической организации меньше, потому что система основана на способности каждого человека ставить собственные цели.

И снова у этой системы есть свои недостатки. Децентрализованная компания, без координального руководства, постоянно перемещающаяся и подрывающая приложенные усилия, может превратиться в катастрофу. В данном случае были видны основные ограничения:

- В ходе реализации некоторых проектов компании. Например, некоторые службы не имели четко определенных собеседников и казались разрозненными.

- Когда компания выросла и возникла необходимость пересмотреть организационную систему. С тех пор Google перестала набирать только докторантов. Методы управления и процесс постановки целей также изменились.

РЕЗЮМЕ

- Управление по целям (MBO) – это процесс, в котором линейные менеджеры и их сотрудники устанавливают цели и согласовывают действия и сроки, необходимые для их выполнения.

- Эта концепция впервые появилась в пятидесятых годах прошлого века, когда американские компании испытывали большие трудности с созданием четкой организации.

- Справочная литература: *Управление по целям"* Питера Друкера, *"Управление по целям в действии"* Джона Уильяма Хамбла и *"Партисипативное* управление *по целям"* Октава Желинье.

- Преимущество: Если MBO применяется правильно, оно может повысить эффективность работы организации и удовлетворенность сотрудников.

- Недостатки: Этот тип управления трудно применять в нестабильной среде и он не способен адаптироваться к изменениям рабочей среды.

- Расширения: SMART-модели, партисипативное управление, управление на основе ценностей и управление на основе компетенций.

- Советы: Следуйте методу SMART: цель должна быть конкретной, измеримой, достижимой, реалистичной и ограниченной по времени.

- MBO предназначен для HR-менеджеров, менеджеров по продажам, операционных менеджеров, менеджеров проектов, внутренних и внешних консультантов и т.д.

- MBO предназначен для HR-менеджеров, менеджеров по продажам, операционных менеджеров, менеджеров проектов, внутренних и внешних консультантов и т.д.

ДАЛЬНЕЙШЕЕ ЧТЕНИЕ

БИБЛИОГРАФИЯ

Alexandre-Bailly, F., Bourgeois, D., Gruère, J-P., Raulet-Croset, N., Roland-Lévy, C. and Tran, V. (2013) *Comportements humains et management*. [4-е издание]. Лондон: Пирсон.

Amaury. (2012) Management d'entreprise : trois exemples que tout oppose. *De geek à directeur technique*. [Online]. [Accessed 25 June 2014]. Available from: < http://www. geek-directeur-technique.com/2012/07/04/management-dentreprise-trois-exemples-que-tout-oppose>.

Делавалле, Э. (2009) Управление по объектам. *Manager-par-les-objectifs.fr.* [Online]. [Accessed 25 June 2014]. Доступно по адресу: < http://www.manager-par-les-objectifs.fr/>.

Друкер, П. (1954) *Практика управления*. Нью-Йорк: Харпер и Роу.

Желинье, О. (1980) *Direction Participative Par Objectifs*. Paris: Éditions Hommes et techniques.

Гильберт, П. (2008) *Le B.A.-Ba du management*. Брюссель: Де Бук.

Хамбл, Дж. У. (1970) *Управление по целям в действии*. Лондон/Нью-Йорк: McGraw-Hill Book Co Ltd.

Перикки, Ж. (1992) *Руководство по менеджменту*. Париж: Édition du Seuil.

Роббинс, С. и Децензо, Д. (2004) *Менеджмент. L'essentiel des concepts et des pratiques*. Лондон: Pearson Education.

Роджерс, Р. и Хантер, Дж. Э. (1991) Влияние управления по целям на производительность организации. *Журнал прикладной психологии*. 76(2).

Шталь, Р. (2013) *Управление, формирование и работа в коллективе. Практические вопросы коучинга и коллективного интеллекта*. Брюссель: De Boeck.

MASLOW'S HIERARCHY OF NEEDS
Personal accomplishment
Esteem
Belonging
Security
Physiology
THE SWOT ANALYSIS

Мастер ISBN: 9782808601573
Бумажный ISBN: 9782808603027
Легальный депозит: D/2022/12603/303

Цифровое оформление: Primento,
цифровой партнер издателей.